LETTRE

SUR LA

GUERRE PERPÉTUELLE,

DU RÉVÉREND Mr. HANKIN ;

EN FRANÇAIS ET EN ANGLAIS.

Par le Chev. CROFT, Baronnet anglais.

> Il veut une paix, dont tous les partis soient contens ; qui finisse toutes les jalousies, qui appaise tous les ressentimens et qui guérisse toutes les défiances.
>
> TÉLÉMAQUE. Liv. XI.

LILLE, AN XIII. — M. D. CCC. V.

EXTRAIT

Du « NOUVEAU GENRE D'HISTOIRE » ETC.

Ouvrage dont les deux premiers volumes sont sous presse, et paroîtront bientôt.

LETTRE

Du Révérend Chevalier CROFT, Baronnet anglais (1), à Monseigneur l'Archevêque de Cantorbery.

VOL. II. LETTRE 23.

Lille,
Vendredi, 22 *Fév.* 1805.

MONSEIGNEUR,

QUOIQUE je sois tout-à-fait inconnu à Votre Grandeur, je vous demande la permission, comme anglais et comme ecclésiastique, de vous présenter l'expression de ma joie sincère, en vous sachant appelé à être le successeur de l'archevêque Moore.

A mon retour d'Allemagne en 1799, et en traversant le comté de Norfolk, j'entendis assez parler de l'Évêque de Norwich, pour être convaincu de la manière distinguée dont un homme comme lui va remplir le siège de Cantorbery. Mon Pays aura plus d'une fois sujet de se réjouir désormais, sans

(1) Voyez « Londres et les Anglais », par Mr. Ferry de Saint-Constant. tom. 2. p. 135. 228.

doute, de ce que cette haute dignité, offerte par Sa Majesté en 1783 à mon ami l'évêque Lowth, ait été conférée en 1805 à l'évêque Sutton.

Mais c'est bien peu de chose que mon suffrage sur l'élévation méritée de Votre Grandeur ; et certainement, je ne prétends pas l'importuner ici pour ce seul objet.

La principale raison pour laquelle je m'adresse à vous, Monseigneur, c'est que Votre Grandeur est élevée à la première place de notre Église dans le moment le plus heureux pour votre réputation future ; dans un moment où, à la face de l'Univers, le dernier des affronts est fait à la Religion protestante, à la Chrétienté, à tout ce qui porte la moindre apparence de Religion, à toute idée même de l'existence d'un Dieu commun, le Créateur et le Père de tous les hommes.

Il est digne de vous, Monseigneur, de conserver l'honneur de notre Église aussi pur qu'il étoit avant que vous n'en devinssiez le chef.

Hier les gazettes anglaises et françaises, imprimées à Paris, ont apporté dans cette Ville une nouvelle qu'elles vont répandre dans toute l'Europe ; celle d'un Ouvrage publié dans la capitale où siège Votre Grandeur, et qui, sortant de la plume d'un particulier quelconque, auroit déjà suffi pour déshonorer mon Pays, mais qui étant la production d'un ecclésiastique fait pour prêcher la paix, et la paix perpétuelle, si elle étoit possible, appèle particulièrement l'attention de Votre Grandeur, en qualité de Chef de notre Église.

« LA GUERRE PERPÉTUELLE, seul moyen » de sûreté perpétuelle » ; ou « LA GUERRE PERPÉTUELLE, seul moyen de salut et de prospérité » (1), par le Rév. Edward Hankin, M. A. M. D. Cantorbery, Bristow, 1805.

Je n'ai besoin que du titre de cet Ouvrage pour justifier la liberté que je prends. A l'instant où j'ai lu ce titre, avec deux ou trois extraits que contiennent les gazettes, je volai, je saisis ma plume, quelle qu'en soit la médiocrité, pour appeler le châtiment sur le coupable auteur, ou du moins pour laver d'une tache aussi noire mon propre honneur, en qualité d'anglais et d'ecclésiastique. Si j'étois soldat, au lieu d'être ecclésiastique, alors même je ne tiendrois pas le langage du Rév. M[r]. Hankin ; alors même je refuserois de tirer l'épée, si ce n'est dans l'espoir de la remettre dans le fourreau, en forçant l'ennemi à la paix. Je pense que mon plus grand devoir comme homme, et encore plus comme chrétien, c'est de déclarer que le premier de mes vœux est, non pas la guerre perpétuelle du Rév. M[r]. Hankin, mais la paix universelle de l'Abbé de Saint-Pierre et de Sully, dont les lumières égaloient au moins, je le présume, celles d'un Clerc ou d'un employé je ne sais à quel titre dans l'Eglise de Cantorbery. Je ne crains pas que personne se moque de l'importance que j'attache à ce devoir, si ce n'est ceux qui sont aussi étrangers au vrai patriotisme et à l'orgueil du caractère national, qu'aux plus simples sentimens philanthropiques.

---

(1) Cet Ouvrage est annoncé dans les gazettes sous ces deux titres.

Ce personnage a conspiré mon déshonneur en qualité de son contemporain, de son compatriote et d'enfant de la même Eglise. Après tout ce qu'ont fait mes ancêtres, que Cambden, qui écrivoit sous le règne d'Elizabeth, appèle « une famille fort » ancienne et chevaleresque » ; après tous les efforts que j'ai faits moi-même pour ne pas les déshonorer ; la main de ce vil personnage vient de m'imprimer, tout au milieu du front, la tache de l'opprobre, même la marque infamante : et je ne puis me faire voir en aucun coin de l'Europe, sans être désigné à l'exécration générale, sans être montré du doigt, et sans qu'on ne dise : Le voilà ; voilà un compatriote de Mr. Hankin, voilà un anglais ; voilà un ecclésiastique anglais, comme Mr. Hankin.

J'étois loin de penser, après avoir employé dix ans de ma vie, depuis trente jusqu'à quarante, à une retraite littéraire à Oxford, dans la propre maison où le bon évêque Berkeley, à qui Pope attribue « every virtue under Heaven », toutes les vertus de l'humanité, projetoit le bonheur de tous ses semblables, et où il est mort ; j'étois loin de penser qu'à la fin un anglais me feroit rougir de m'avouer le compatriote d'un tel philanthrope, et de tant d'autres comme lui, d'un Alfred, d'un Bacon, d'un Penn, d'un Locke, d'un Howard et d'un Cook.

Si mon sort étoit de mourir avant la publication de l'Ouvrage historique que j'imprime, et d'où cette Lettre est tirée, puisse quelque main amie graver sur ma tombe modeste que je n'ai pas voulu différer d'un seul jour à déclarer à mon propre Pays et à toute l'Europe, combien en mon particulier j'ai condamné la conduite du Rév. M^{r}. Hankin, conduite si peu digne d'un prêtre et même d'un homme !

Si j'étois évêque, comme j'ai peut-être manqué de l'être une ou deux fois dans ma vie, Dieu, qui sait que sous ce nouveau titre je n'en continuerois pas moins de toutes mes forces à servir les intérêts généraux de toutes ses créatures, Dieu m'est témoin que si les usages du Parlement le permettoient, je ferois dans la Chambre des Pairs, mes collègues, une motion formelle tendant à conduire à l'opprobre d'une dégradation publique l'auteur d'un si méprisable Ouvrage, et que je la renouvelerois de session en session, jusqu'à ce que je l'eusse fait adopter.

Qu'étoit-ce que la conduite du D^{r}. Shebbeare, Monseigneur, auprès de celle d'un tel homme ?

Le Parlement n'a-t-il pas empêché la publication de *l'Essai sur les femmes*, par Wilkes ? A coup sûr, Votre Grandeur n'a jamais vu ce livre, non plus que moi ; mais j'ose affirmer que la plus grande corruption, que ce livre ait pu opérer sur quelques esprits oisifs et dépravés, n'est rien en comparaison des impressions calculées que celui-ci a dû faire sur l'esprit public, chez qui il tend à détruire tout principe de civilisation et de Christianisme, ainsi que sur le cœur de tous les hommes, dont il ne peut que produire l'entier abrutissement. Dix *Essais sur les femmes*, composés par dix auteurs comme Wilkes, pourroient passer pour des sermons et des livres de prières, auprès de cette production d'un homme d'église ; et l'influence de ces dix ouvrages, comparée à celle du dernier, seroit aussi foible et aussi insignifiante que les effets d'une simple lettre comme la mienne, en comparaison de ceux que pour le bien de la Religion et de la Patrie produiroit l'intervention vénérable de Votre Grandeur, si j'étois assez heureux pour lui en inspirer l'idée !

Me dira-t-on qu'il n'y a point, hélas ! de loi du Parlement qui atteigne une telle conduite ? Je réponds sans hésiter : Tant pis pour le Parlement et pour la Patrie ; qu'on en fasse une. Mais je suis persuadé que mon ancien compagnon d'études, Lord Eldon, aujourd'hui chancelier, saura bien en trouver une. Je suis également persuadé que le Prince de Galles est homme à porter, de sa propre volonté, cette affaire au Parlement : car je connois la manière de penser patriotique et philanthropique de ce Prince, par les bienfaits qu'il a plû à Son Altesse Royale de verser sur moi depuis tant d'années ; et je me rappèle très-bien qu'au commencement de cette malheureuse guerre, ce Prince refusa de prolonger une visite dont il honoroit M^r. Thellusson, à moins qu'on n'abandonnât l'idée de représenter une satyre indécente contre la France ; satyre que Son Altesse Royale ne regardoit pas comme un moyen de faire la guerre, mais bien plutôt de causer le plus grand tort à ses compatriotes, prisonniers de guerre en France. C'est à ce Prince éclairé que j'adresserois cette lettre, si Votre Grandeur, en montant à un poste aussi honorable, ne se trouvoit à la tête du

Clergé, Ordre auquel cet écrivain appartient, et que sa conduite a tant déshonoré. Mais si, ce que je ne puis supposer, Votre Grandeur cherchoit en vain quelqu'un pour seconder la motion que vous feriez à ce sujet, j'ose croire que vous trouverez tout ce que vous pouvez désirer dans l'éloquence et les sentimens d'un noble Lord, auquel j'ai aussi des obligations peu communes ; je ne doute pas que, déposant la brave épée avec laquelle il s'est tant distingué en Amérique et non loin de cette Ville, et dont il défend aujourd'hui l'Ecosse, mon ami Lord Moira ne se transporte au Parlement, pour soutenir la motion de Votre Grandeur ; je ne doute pas que ce véritable *homme de guerre* ne se prononce hautement et de lui-même, pour condamner dans tout homme, et sur-tout dans un *homme d'église*, l'idée *d'une guerre perpétuelle.* En tout cas, ce n'est pas une grande preuve de courage personnel, qu'une guerre perpétuelle et durable de génération en génération, conseillée par une femme, ou prêchée par un ecclésiastique qui par son caractère ne peut tirer l'épée ni brûler une amorce dans cette cause. Je ne sais ce que les soldats diront de cette bouffonnerie ; mais je suis sûr que Votre Grandeur ne pourroit s'empêcher de sourire de voir un livre sur les devoirs du Clergé, écrit par un officier aux gardes.

Quant au soin de manifester hautement ses sentimens sur cette nouvelle doctrine à la face du public et de toute l'Europe, c'est, j'ose l'espérer, ce que Votre Grandeur se fera un honneur et même un devoir indispensable d'exécuter. Le châtiment que Mr. Hankin subira de manière ou d'autre, et même de la part du Parlement, doit être aussi public que l'opprobre qu'il a versé sur sa Nation. Il n'est pas difficile, je l'avoue, à un simple ecclésiastique comme moi, de publier ce qu'il feroit ou ne feroit pas, s'il étoit Archevêque de Cantorbery. Mais je déclare que si Mr. Pitt, ou Lord Sidmouth, ou Lord Liverpool, ou le Roi lui-même m'offroit la place de Votre Grandeur, à condition d'appuyer par mon silence la doctrine diabolique et damnable de Mr. Hankin, je préférerois rester jusqu'à la fin de mes jours comme je suis, humble vicaire de Prittlewell dans les marais d'Essex.

Si Votre Grandeur ne signale publiquement son élévation au siège de Cantorbery, en retranchant et en rejetant au loin cette espèce de plante vénéneuse qui semble se faire gloire de prendre racine sur le seuil même de votre palais archiépiscopal, ce clerc de Cantorbery paroîtra avoir été presque autorisé à joncher de fleurs aussi précieuses que les siennes le chemin de Votre Grandeur, dans la cérémonie de votre entrée publique et solennelle. Sera-t-il convenable, Monseigneur l'Archevêque, qu'on lise dans les fastes de l'histoire que le même jour a vu Votre Grandeur transférée au siège de Cantorbery, et l'Ouvrage pestilentiel d'un individu que je ne peux plus appeler du nom d'ecclésiastique, sorti des presses de la même Ville.

Si ce pauvre malheureux, Monseigneur, se trouve dans la seule situation qui puisse excuser sa con-

duite ;

duite ; si son cerveau est dérangé, assurément j'ai pitié des *infortunés* qui lui appartiennent et de tout ce qui l'entoure. Ils sont bien plus à plaindre, hélas ! que cet *heureux* maniaque ; et Dieu me garde d'aller insulter une famille frappée, dans la personne de son chef, du plus grand des maux qui affligent l'humanité ! Mais au nom de cette même humanité, qu'on l'envoye donc à la maison de santé établie dans son voisinage par le docteur Perfect pour ce genre de maladie. Les majuscules, qui accompagnent son nom au titre de son Livre, me font présumer que le Révérend Edward Hankin est médecin aussi bien qu'ecclésiastique : et ce docteur pourroit courir le risque d'être à ce titre aussi dangereux aux malades de son voisinage, qu'il l'est aujourd'hui au public, en lui prescrivant ses drogues politiques, et en étudiant les moyens d'empoisonner tout un peuple.

Je crains bien, hélas ! Monseigneur, qu'il n'y ait pas de contre-poison, comme on le prétend ; mais je suis sûr qu'il existe des remèdes qui, pris à temps, peuvent détruire les effets de la dose fatale.

Si je détache cette lettre de l'Ouvrage auquel elle appartient, et si je la publie, comme lui, en anglais et en français, c'est que je pense qu'un anglais, sans être même ecclésiastique, doit, par-tout où les deux Langues sont entendues, s'exprimer de la manière la plus positive et la plus prompte possible, dans un sens entièrement opposé au prêtre-médecin Mr. Hankin. Son Livre ne sera pas lu par-tout ; mais par-tout les gazettes en parlent, comme elles le feroient si le diable en personne venoit sur la terre s'emparer de tous les esprits. J'ai cru devoir prendre la même voie que Mr. Hankin, pour exorciser le public. Steele et Addisson imprimèrent *le Spectateur* dans les gazettes que leur nouveauté faisoit lire de tout le monde; mais, dans nos jours frivoles, plus de la moitié du monde ne lit que des gazettes.

Quand j'ai choisi le titre de mon Ouvrage, celui de *nouveau Genre d'Histoire*, je ne m'imaginois pas que, sitôt et avant la fin du second volume, je deviendrois le triste historien d'un nouveau genre d'insulte à la civilisation, d'un nouveau genre de crime contre l'espèce humaine, d'un nouveau genre de blasphême et d'outrage contre notre Père qui est dans les Cieux.

Monseigneur, le nom glorieux d'anglais n'a été que trop déshonoré naguères sur le continent, par la conduite de Mr. Drake, etc., par Sir James Crawfurd, et autres, qui, après avoir engagé leur parole d'honneur, ont trouvé bon de la fausser, et de prendre fuite, de la manière non-seulement la plus déshonorante pour eux-mêmes, mais encore la plus dangereuse pour leurs compatriotes, prisonniers de guerre, qu'ils ont laissés derrière eux, si le Gouvernement français étoit altéré de vengeance. Monseigneur, au nom des mœurs et de la Religion, ne laissons pas un ecclésiastique publier que lui et tout le Clergé anglais, dont le silence passeroit pour une approbation, connoissent si peu le véritable Christianisme qui, bien loin de tolérer la perpétuité d'une guerre d'extermination, nous prescrit, si l'on nous donne un soufflet, de tendre l'autre joue ; et qu'ils n'ont pas plus d'idée de la Religion que n'en avoient les Français, quand ils plaçoient sur les autels de l'Eternel une courtisane représentant la déesse de la Raison.

J'avoue franchement, Monseigneur, que je désire de forcer l'Ordre auquel j'ai l'honneur d'appartenir, et pour lequel j'ai quitté le Barreau, il y a vingt-cinq ans, par les conseils de l'évêque Lowth et du pieux docteur Johnson ; je désire, dis-je, de forcer, s'il en est besoin, l'Ordre du Clergé dans mon Pays, Ordre qui s'honore aujourd'hui de tant de noms distingués, à chasser de son sein avec infamie et avec horreur un individu aussi déshonoré et aussi déshonorant que le Rév. Edward Hankin.

La fille de l'ami, dont ma vie d'Young, qui fait partie de celles de Johnson, a vengé l'honneur en prouvant qu'il n'avoit pu être le Lothario désigné par les vers de son père ; la petite-fille du grand Young épousa, je m'en souviens, vers 1777, un particulier des environs de Welwyn, nommé Hankin.

Un indigne prêtre, qui porte le nom chrétien d'Edward, comme Young, ne peut être assurément le petit-fils de l'Auteur des *Nuits*, de celui qui, plus que nul mortel, mérite d'être appelé *le Poëte de la Divinité.* Quel que soit l'homme qui a eu le malheur d'être le père d'un tel *ennemi de la Divinité*, si l'on me demande ce que je veux qu'on fasse de ce guerrier *perpétuel* et altéré de sang, je ne l'imiterai pas en disant qu'il faut le pendre, dans des chaînes perpétuelles, au créneau le plus élevé de la cathédrale de Cantorbery, pour servir d'instruction aux Anglais et aux Français qui, bientôt encore, je l'espère, passeront et repasseront par Douvres ; je ne dirai point tout-à-fait ici ce que je puis penser à ce sujet ; mais j'avoue que c'est avec réflexion que je désire de lui voir arracher, publiquement, des épaules ses habits sacerdotaux, et de contempler ce grand coupable occupant la place de gens moins criminels au pilori. Jamais peut-être meurtrier de sang-froid n'a songé à faire entrer dans ses froids calculs l'idée même d'un massacre de plus de trente millions de ses semblables. Un pareil homme doit être au moins chassé de la paisible profession du Clergé ; et, comme il professe, lui-même, tant d'inclination à changer ses habits de paix contre l'habit rouge et couleur de sang de nos soldats, je propose sérieusement d'envoyer cet ex-prêtre gagner son pain en qualité de tambour dans un corps de volontaires ; et à la paix, dont le retour sera une punition suffisante pour un guerrier qui ne veut jamais désarmer, de l'employer en la même qualité dans un régiment de ligne, où il puisse

Ære ciere viros, Martemque accendere cantu.

Je ne doute pas que lui-même, à l'exemple de Ziska, ou de quelqu'autre de ces grands destructeurs du genre humain, il ne lègue sa peau, pour être desséchée et employée à couvrir des tambours.

Si Mr. Hankin a pu, comme semblent le supposer les papiers anglais, louer sa plume à Mr. Pitt ; s'il n'a fait que rédiger dans un style supportable les idées que ce ministre ou ex-ministre, car on ne sait ce qu'il est, lui a laissées en traversant Cantorbery, dans ses fréquens voyages à son château de *Walmer-castle*, le pamphlet n'en demeure pas moins coupable ni moins criminel : et l'ecclésiastique, qui se met aux gages pour un tel objet, n'en est que plus méprisable et plus scélérat. Quant à son avancement dans l'Eglise pour un tel service digne de l'enfer, j'ose croire que nul ministre n'aura l'impudence de l'entreprendre, et que ce ne sera pas sous l'Archevêque actuel de Cantorbery qu'un ministre sera assez puissant pour faire avancer ce *grand-prêtre d'extermination*. N'y a-t-il pas assez d'ecclésiastiques chargés de famille qui n'ont pas de pain, et que JESUS-CHRIST ne dédaigneroit peut-être pas d'adopter pour ses disciples? Et un Rév. Edward Hankin, en trempant sa plume exécrable dans le sang humain, en prenant toutes les peines possibles pour perpétuer cette fureur guerrière que JESUS-CHRIST est venu éteindre de son Sang divin ; un tel ecclésiastique rouleroit sur l'or, seroit comblé d'honneurs ? A Dieu ne plaise !

Mais je refroidirai les espérances que ce Mr. a de se voir bientôt transféré de Cantorbery à quelque poste brillant.

Quel que soit celui qui l'a mis en œuvre, j'annonce à ce mercenaire que ses maîtres ne seront pas satisfaits de la manière dont il a rempli sa tâche odieuse, et qu'ils vengeront leur propre déshonneur sur leur misérable écrivassier. Car toute l'Europe voit qu'à supposer l'horrible assertion de ce Livre aussi incontestable que la Religion chrétienne, qui est si contraire à de telles maximes, il n'y a qu'un idiot et même un fou achevé qui puisse le dire en termes aussi clairs à son ennemi, et appeler aussi ouvertement sur soi-même la peine du talion.

Le Rév. M[r]. Hankin a-t-il conçu l'idée d'un tel ouvrage de lui-même, en vue d'affermir M[r]. Pitt ou tout autre ministre dans sa place, ou de ramener le public au système sanguinaire de quelque individu?

Je rapporterai à cet ecclésiastique de Kent une anecdote dont j'ai été témoin dans ma jeunesse, et qui pourra lui indiquer peut-être une manière dont il eût pu gagner son argent.

Pendant que le Barreau et le Tribunal étoient réunis dans un repas, selon l'usage, à Maidstone, chef-lieu de son ressort; la conversation tomba sur un Hankin de ce temps-là, qui avoit été honteusement récompensé pour avoir défendu le Gouvernement au sujet de la guerre d'Amérique. L'illustre Lord Mansfield, l'ami du satyrique anglais Pope, et que celui-ci a tant célébré sous le nom de Murray, termina la discussion en ces termes : *Et in Arcadiâ Ego :* et moi aussi j'ai été sur mon *lit de roses.* J'ai été aussi attaqué dans mon temps; et cela m'a coûté quelqu'argent. Ce ne fut pas pour payer mes défenseurs, mais pour obtenir de ces messieurs trop officieux la grace de m'abandonner à moi-même et de ne plus défendre ma cause.

Doit-on beaucoup de récompense au défenseur qui fait descendre sur ceux qui l'employent, sur leurs mesures, et sur leur commune Patrie, les foudres de l'éloquence de Talleyrand, de François de Neufchâteau, de Fontanes, et de l'Empereur lui-même, qui n'est pas moins distingué par le choix des termes que par celui des hommes qu'il appèle auprès de lui ? éloquence, qui ne tardera pas, je le crains, à tonner sur les bords de la Tamise et sur les rivages les plus lointains contre cet homme de Dieu, qui a inscrit sa Révérence à une proclamation plus sanglante qu'il n'en a jamais paru dans les mots d'ordre d'un Gengis-Kan, d'un Néron, ou d'un Robespierre; contre ce saint homme qui, non-seulement nous laisse voir le *bréviaire* du cardinal de Retz, mais encore tire de dessous son surplis, et d'un bras retroussé jusqu'à l'épaule brandit publiquement son sabre d'extermination, dont il a rejeté le fourreau, en criant hautement qu'il l'a enterré à dix mille toises sous terre.

Plus tard, si je trouve qu'il vaille la peine de lire cette proclamation de sang, je pourrai dire à l'auteur ce que je pense de ses talens. Mais pour le but que je me propose aujourd'hui, qui est de faire tomber la vengeance du Clergé sur la tête d'un tel apostat, il suffit du titre seul du Livre, et je n'en ai guère encore vu davantage. Son mérite littéraire et même politique, quel qu'il puisse être, ne sauroit diminuer l'imprudence et la folie de l'auteur, et bien moins encore le laver de son crime. Quand même *la guerre perpétuelle, seul moyen de salut et de prospérité*, seroit l'ouvrage de la meilleure plume qu'ait jamais vue l'Angleterre; quand même il seroit fait pour donner à l'auteur la réputation d'un disciple de Machiavel; et que les argumens seroient dignes de Machiavel lui-même; quand il y auroit la plus petite probabilité qu'une conduite aussi horrible et aussi cannibale de notre part, que le titre seul annonce, pourroit contribuer à élever notre Patrie au plus haut faîte de gloire et de grandeur nationales; l'auteur mériteroit encore le dernier châtiment, comme un ennemi de son Pays, pour en avoir trahi le funeste secret, et un supplice inconnu jusqu'ici, comme le plus grand ennemi des hommes, pour avoir répandu des maximes aussi destructives, sous l'habit sacré d'un ecclésiastique. A supposer donc à ce Livre un mérite que je suis loin d'y avoir reconnu d'après deux ou trois extraits que j'en ai vus, qu'il fût réservé à Mr. Hankin de changer la nature de la guerre et de la paix, ainsi que de la vérité, je déclare d'avance que je me regarderai comme déshonoré, comme flétri par une telle espèce de grandeur et de gloire nationales; que je rejète *cette prospérité* qu'il nous offre, que je méprise cette *sécurité* qu'il proclame, et que je renonce à tous les avantages prouvés, s'ils le sont, dans son Livre, de même qu'à sa guerre perpétuelle. Quel honnête homme ne préféreroit de s'endormir paisiblement dans le sommeil de la mort, plutôt que de vivre au milieu de *bêtes nuisibles et de hordes sauvages, plus féroces que les bêtes* (tel est le langage de ce grand *politique* en parlant des Français), *au milieu de ces bêtes sauvages, de ces animaux malfaisans*, comme les Français et les Anglais pourroient devenir

réellement,

réellement, si les deux Pays devoient *regarder la guerre comme une partie nécessaire de leur établissement de paix*; si cette affreuse guerre devoit être perpétuelle; si enfin une guerre mutuelle d'extermination étoit une mesure bien politique entre deux Peuples nombreux, puissans et éclairés, séparés, ou peut-être réunis dans les intentions de Dieu, par six lieues de mer !

L'Auteur d'aussi folles idées mérite si peu la moindre récompense, et ses maximes sont tellement faites pour favoriser tous les desseins de l'ennemi (comme une trop grande partie de ce qu'ont fait nos ministres et ceux qu'ils ont employés), que la postérité pourra croire que c'est le Gouvernement français qui a payé Mr. Hankin pour écrire ce Livre étrange. En tout cas, un guerrier pareil doit être assez familiarisé avec les choses militaires pour savoir qu'un général prudent ne réduit jamais au désespoir même une poignée d'ennemis. Si nous étions en état de continuer cette guerre perpétuelle, et d'exécuter cette menace *hankine* d'une extermination totale, comme le Livre prétend le prouver (du moins je le suppose, sinon il seroit encore plus méprisable que je ne pense); trente millions d'hommes, parmi lesquels on compte quelques soldats, se trouvant réduits au désespoir, formeroient une poignée d'individus qui pourroit embarrasser le généralat même d'un ecclésiastique. Les autres écrivains feront comme ils voudront; mais pour moi, quand j'aurai à exprimer quelque chose d'extraordinairement ridicule ou même d'extraordinairement inhumain, je crois que je me servirai toujours du mot *hankiner*. Si les Anglais et les Français vouloient s'entendre pour cela, l'infamie de cet homme auroit la *durée perpétuelle* qu'il veut donner à la guerre. Nous avons ainsi adopté le mot de guillotine, avec cette différence, que la juste exécration que nous inspirent les horreurs de la révolution s'est étendue à la fatale machine de destruction qui en fut l'instrument. Quand donc le docteur Guillotin, qui vit encore, prit modèle en 1790 sur notre *Pucelle* dont jadis on fit usage une seule fois en Ecosse, il se montra l'ami de ses contemporains autant que le feroit un Français, qui pourroit suggérer à notre Révérence massacrante l'idée d'une mort encore moins pénible, pour les trente millions de victimes qu'il brûle de *hankiner*.

Mais il y a encore une autre raison pour laquelle cet homme mérite la récompense d'une distinction aussi déshonorante.

A moins que d'être en France, comme je suis, Votre Grandeur ne peut voir toute l'étendue et les suites de l'opprobre qu'il verse sur le nom anglais, aussi bien que sur l'Ordre auquel appartient Votre Grandeur, et sur la Religion. Il lui est arrivé ce qui nous arrive presque toujours quand nous ne faisons pas ce que nous devons, ou que nous faisons ce que nous ne devons pas faire. Les conséquences imprévues de sa mauvaise conduite sont incalculables. Combien ne voyons-nous pas souvent cela dans les matières les moins importantes ?

Swift dit, avec autant de vérité que d'esprit : « Vous devez toujours réfléchir avant que de rien

» faire. Si en folâtrant vous jetez par la fenêtre » un couteau dans la rue, il est presque à parier » que vous tuerez une pauvre veuve revenant de » son travail, et mère de sept enfans dont le » plus jeune n'a pas encore six mois. ».

Mr. Hankin a fait bien pis, non pas en folâtrant, mais de propos délibéré et avec une méchanceté réfléchie.

Examinez avec moi, Monseigneur, toutes les conséquences imprévues qui en résultent, et dont quelques-unes peuvent être réparées par la motion que Votre Grandeur feroit en plein Parlement sur une telle conduite.

Bonaparte, en devenant Consul en Décembre 1800, écrivit à notre Roi ce que j'ai pris pour épigraphe du second volume de mon Ouvrage historique. — « Comment les deux Nations les plus éclai- » rées de l'Europe, — comment ne sentent-elles » point que la paix est aussi glorieuse que néces- » saire » ? Et c'est en 1805, quand la foible humanité a cinq ans d'expérience de plus, que Mr. Hankin parvient à découvrir la nécessité d'une guerre perpétuelle, d'une guerre d'extermination.

En Mai 1802, à la paix de Mr. Addington, tel fut le langage de plusieurs personnages marquans.

« Pour le repos du reste du monde, il n'y a plus » d'Océan ni de Pyrénées qui les séparent ». Lobjoy, président du Corps-Législatif.

« Ainsi donc, reposés tout-à-fait des longues fati- » gues de la guerre, nous allons désormais vivre en

» bonne intelligence avec les illustres voisins qui
» nous devancèrent dans la carrière de la liberté ;
» ainsi il ne restera plus entre nous d'autres motifs
» de rivalité que dans la louable émulation d'ac-
» croître le cercle des connoissances utiles, et d'ar-
» river à la perfection du bien. Ils verront, ces
» honorables Insulaires, que les Français sauront se
» montrer dignes de lutter avec eux dans cette lice
» nouvelle de belles découvertes, de conquêtes pa-
» cifiques et de véritable gloire. Tel sera l'un des
» plus grands avantages de la Paix. La Paix ! comme
» ce mot est doux à prononcer » ! etc. FÉLIX-FAULCON, du Corps-Législatif.

« Le traité que vous annoncez, citoyens Ora-
» teurs du Gouvernement, est le complément de
» tous ceux qui l'ont précédé. L'enthousiasme qu'il
» vient d'exciter en Angleterre prouve combien
» est sincère la réconciliation entre deux Peuples
» qu'une fausse politique divisa trop long-temps, et
» qu'un égal amour pour la liberté, et des rap-
» ports nécessaires doivent unir à jamais ». CHABOT, président du Tribunat.

En Septembre 1802, Bonaparte dit à Mr. Fox, à Paris.

« Il n'y a dans le monde que deux Nations ; l'une
» habite l'Orient, l'autre occupe l'Occident. Les
» Anglais, les Français, les Allemands, les Ita-
» liens, etc. soumis au même code civil ; ayant les
» mêmes mœurs, les mêmes habitudes, et presque
» la même Religion ; sont tous membres de la
» même famille : et les hommes, qui veulent sal-

» lumer la guerre parmi eux, veulent *la guerre* » *civile* ».

En Juillet 1803, après que Mr. Addington eut détruit son propre ouvrage en recommençant la guerre, les gazettes françaises, qui publient aujourd'hui le langage de Mr. Hankin, rapportèrent l'anecdote suivante, concernant le président Bexon, le Mansfield de la France.

A l'audience de la troisième section du Tribunal civil du Département de la Seine, du mardi 28 Thermidor, un défenseur, plaidant pour un Anglais, disoit : *Celui que je défends est un honnête homme*, QUOIQU'ANGLAIS. Le Président, l'interrompant, lui dit : « Retranchez de votre plaidoierie les mots » *quoiqu'Anglais*. Les Nations ne doivent jamais » s'insulter entre elles, même quand elles sont en » guerre : et ce n'est pas en France, et dans le » sanctuaire de la justice, que cela peut être permis ».

La même année, l'oncle de Bonaparte, annonçant du haut de l'Autel la guerre de Mr. Addington, n'emploie pas un autre langage.

« La Paix est le grand bien dont nous aimons à » vous entretenir, lors même qu'au nom du Gou» vernement nous venons vous demander des prières » et des vœux pour le succès d'une nouvelle » guerre. — Que le Dieu des Armées se déclare » contre cette Puissance, non toutefois pour la dé» truire, comme ces Villes superbes dont l'avare » cupidité provoquoit contre elles tout le zèle des » Prophètes, mais pour la forcer à cette Paix dont » elle ne connoît pas le prix, et dont nous, ministres

» d'un Dieu descendu sur la Terre pour y *éteindre* » *dans son Sang toutes les inimitiés et réconci-* » *lier l'Univers*, faisons le continuel objet de toutes » nos prières et de tous nos vœux ».

Mandement de S. É. M. le Cardinal-Archevêque de Lyon. An XI.

C'est pendant tout ce temps qu'un ecclésiastique anglais, payé ou non pour cela, et prévoyant la nouvelle guerre de Mr. Addington au sein même de la paix, a employé ses jours et ses nuits à chercher des argumens qui puissent rendre la guerre perpétuelle, qui puissent, à l'aide de son Livre exécrable au défaut d'autres moyens, la rendre plus cruelle, et la changer en guerre d'extermination.

Après tout et à supposer qu'il n'ait pas prévu le moment où ses travaux pourroient être terminés et mis au jour, il n'en est pas moins digne de remarque que son Livre paroît en Angleterre au moment précis où la seconde lettre éloquente et philanthropique, écrite à notre Roi par Bonaparte couronné Empereur, arrive à Londres, et porte l'émotion dans tous les cœurs par ce langage touchant.

« La Paix est le vœu de mon cœur. — Eh ! quelle » triste perspective de faire battre des Peuples pour » qu'ils se battent ! Le monde est assez grand, pour » que nos deux Nations puissent y vivre ; et la raison » a assez de puissance, pour qu'on trouve les moyens » de tout concilier, si, de part et d'autre, on en a » la volonté. J'ai, toutefois, rempli un devoir saint, » et précieux à mon cœur ». 2 Janv. 1805.

Finalement, le Livre de M^{r}. Hankin arrive en France, et par cette guerre d'extermination qu'un ecclésiastique réduit en système, porte notre honte nationale au plus haut degré par toute l'Europe, précisément quand le public est charmé de voir le Vainqueur de Marengo prêcher la doctrine de JESUS-CHRIST, et se servir de ces expressions mémorables, si dignes du neveu d'un Cardinal-Archevêque, et qui font partie de la réponse énergique de l'Empereur au Corps-Législatif, le 12 de ce mois.

« Je veux, autant que je pourrai y influer, que le
» règne des idées philanthropiques et généreuses soit
» le caractère du siècle ». 12 Fév. 1805.

Monseigneur l'Archevêque, je ne dis pas que la conduite de M^{r}. Hankin me fait penser à imiter un Baronnet de ma famille qui porta ce titre avant moi, et de quitter, comme lui, notre Église pour celle du cardinal-archevêque Fesch et des Français qui respirent des sentimens si chrétiens ; mais ne nous convient-il pas, Monseigneur, de veiller spécialement à ce qu'au moment où nous sommes, les Catholiques d'Irlande et ceux des autres contrées ne s'autorisent de l'impunité où l'on pourroit laisser ce clerc de Cantorbery, pour dire que les Protestans anglais paroissent plus altérés de sang que les autres membres de l'Eglise chrétienne, et qu'ils se ressentent bien moins de cet esprit de douceur et de charité que nous a apporté le Fils de Dieu en se faisant homme et en subissant la mort d'un malfaiteur.

Je ne suis pas séduit non plus, Monseigneur, par les partisans du fameux Penn ; car je ne crois pas les Quakers rigoureusement justes de supposer que la douceur du Christianisme nous défend de tirer l'épée pour sauver les jours de nos femmes, de nos enfans et les nôtres. Mais, je prends et prendrai toujours sur moi de soutenir, contre l'avis même d'un Archevêque de Cantorbery (s'il étoit possible qu'il pensât différemment), que la Religion si douce et si pacifique que nous professons et enseignons, Votre Grandeur et moi, ne nous ordonne pas, ne nous permet pas le serment de ne jamais remettre l'épée dans le fourreau, *IN SÆCULA SÆCULORUM*, dès qu'une fois on la tire, quelles qu'en soient les raisons, bonnes ou mauvaises ; et grace au Ciel, depuis quinze ans nous en avons entendu chaque année de toutes les espèces.

Qu'est-ce donc, Monseigneur l'Archevêque, quand on voit un des Pasteurs innocens des ouailles paisibles de JESUS-CHRIST, au lieu de leur apprendre à aimer leur prochain comme eux-mêmes et à faire à tous les hommes comme ils voudroient qu'on leur fît, haranguer son auditoire du milieu de la Table de leur Rédempteur crucifié, où vient de se célébrer le Festin d'amour fraternel et universel ; élever ses mains sacrées qui viennent d'administrer les saints Mystères du Corps et du Sang de notre Sauveur commun, et prononcer à haute voix, en invitant tout le monde à répéter avec lui, le serment impie et diabolique de ne jamais faire la paix, de ne jamais suivre le précepte de JESUS-CHRIST,

CHRIST, qu'auparavant ils n'aient versé et bu des flots de sang, et qu'ils ne se soient repus comme *des sauvages plus féroces que les bêtes*, des cadavres mutilés de trente-cinq millions de leurs voisins les plus proches ?

Est-il donc vrai que pareille scène, ou quelque chose d'approchant, ait pu se passer dans la cathédrale de Cantorbery, à ce même Autel aux pieds duquel quatre *Hankins* d'autrefois ont fait sauter la cervelle de l'archevêque Becket, revenu récemment de cette ville de Lille où il avoit choisi sa retraite, et dont une rue fut appelée *rue d'Angleterre*, à cause du séjour qu'il y avoit fait ?

L'horrible désir de Diderot n'embrassoit que deux classes d'hommes : Robespierre ne détruisit pas autant d'individus que le Rév. M[r]. Hankin désire d'en voir périr : les calculs de Marat, qui étoit si altéré de sang humain, n'alloient pas jusques-là ; et cependant, « quand même », comme dit Shakespeare, « tous les » cheveux de ses compatriotes eussent été autant de » vies humaines, son appétit féroce sembloit suffire » pour les dévorer tous ».

Hélas ! Monseigneur, faut-il qu'un enfant de la même Patrie, de la même Eglise que nous, ressemble à une de ces poissardes françaises, dont au mois révolutionnaire de Septembre la rage fut portée à son comble par la double ivresse du vin et de la licence, et qui insultoient le cortège marchant à la guillotine, parce que le nombre des victimes du jour n'étoit que le double de ce qu'elles avoient eu le plaisir de le voir la veille ? Nous autres, Monseigneur, nous ne sommes pas encore familiarisés avec les *hankinades* d'une révolution. Puisse le Dieu de toutes les Nations permettre que le Livre de cet homme ne nous amène ou ne contribue à nous amener de pareilles ou tout autres calamités!

J'apprends, Monseigneur, que la religion et la sagesse de sa Majesté ont ordonné un jeûne public pour le mois actuel, et j'imagine que la proclamation invite le Clergé à prier pour la paix. Si ce n'est pas là le langage du Roi, Votre Grandeur ne manquera pas de l'employer dans la formule de prière qu'elle doit publier pour cet objet. Mais permettez-moi de vous demander, Monseigneur, de quel air osera adresser à Dieu cette prière quiconque, à commencer de Votre Grandeur jusqu'au plus petit clerc, approuve, ou plutôt ne rejète, ne désapprouve et ne désavoue pas ouvertement la proposition d'une guerre perpétuelle, proposition faite par Mr. Hankin, et que le diable seul peut lui avoir inspirée.

Algernon Sidney, en composant ce qu'il écrivoit sur l'*album* de la Grande-Chartreuse, et même en parlant de son épée et de l'usage qu'il en vouloit faire contre les tyrans, se plaisoit, du sommet d'une des plus hautes montagnes de l'Europe, à voir renaître enfin l'olivier de la paix, et s'effacer pour jamais la perspective des combats.

— — — Manus hæc, inimica tyrannis,
Ense petit placidam, sub libertate, quietem.

Mr. Hankin, au contraire, monteroit sur la montagne choisie par Saint Bruno, non pour y admirer ce que Gray appèle, *severi religio loci* (1), mais seulement pour voir les plus belles contrées de l'Europe couvertes d'un second déluge inoui, d'un déluge de sang humain, dont la fin ne seroit pas annoncée par une colombe portant à son bec un rameau d'olivier. Mr Hankin changeroit le distique latin de Sidney, et s'écrieroit :

— — — Manus hæc, inimica quieti,
Ense petit sancto placidum sine fine duellum.

Mais avant de conclure, Monseigneur, permettez-moi, je vous prie, de vous observer que l'on n'a pas le droit de me dire que si j'ai publiquement provoqué ce Mr. Hankin, c'est en vue de me procurer ma liberté auprès du Gouvernement français. Je suis aussi parfaitement libre que Mr. Humboldt, le voyageur prussien, qui vient d'arriver à Paris du fond de l'Amérique méridionale. Le Gouvernement français a eu la justice de m'accorder ma liberté tout entière, de me rendre ma parole que j'avois engagée conditionnellement ; et cela précisément (Mr. Hankin voudra bien le remarquer) parce que j'appartiens comme lui à une profession de paix, qui répond aux sentimens que j'ai tâché de développer dans cette lettre, et très-opposée à cette guerre perpétuelle qu'il nous prêche. Voici les propres termes du maréchal Berthier, ministre de la guerre — *faisant droit à la réclamation de Mr. le Chevalier Herbert Croft*, COMME MINISTRE DU CULTE, *l'autorise à demeurer en liberté sur le territoire français, ou à le quitter, s'il le juge convenable.*

---

(1) Voyez l'Ode alcaïque du poëte Gray, écrite dans l'*album*.

Bien moins encore cet ecclésiastique scrupuleux, que je crois capable de tout, sera-t-il en droit de m'accuser d'aimer les horreurs de la révolution française, ou d'être l'ennemi de mon pays, parce que je n'approuve pas son genre de patriotisme et que j'abhorre sa sainte philanthropie ; dont il n'a pas reçu de leçons, j'en suis sûr, du prédécesseur de Votre Grandeur sur le siège de Norwich, mon ami l'évêque Horne, lorsqu'il étoit doyen de Cantorbery. Monseigneur, j'aime mon Pays plus que cet ecclésiastique n'aime rien au monde après le sang humain. Oui, Monseigneur, j'aime mon Pays, quelle que soit la manière dont j'ai été traité par deux de ses ministres (M^rs^. Pitt et Addington), et par deux de ses chanceliers (Lord Thurlow et Lord Loughborough) ; je l'aime, et cependant, selon les préceptes de Dieu et de son Fils, j'ose aimer en même temps tous mes semblables. Oui, Monseigneur, quoique, selon moi, M^r^. Pitt et Lord Sidmouth (ci-devant M^r^. Addington) se soient souvent conduits comme s'ils n'aimoient pas leur patrie ; quoique, selon moi, le Prince de Galles en ait été indignement traité, à l'occasion de ses dettes, de la régence, de son mariage, de la défense de sa couronne héréditaire, et en dernier lieu de sa fille la princesse Charlotte, j'ose défier Votre Grandeur, le Prince de Galles, et même le Roi son père, d'aimer mieux notre Pays, d'être meilleur anglais que moi. Quant aux horreurs de la révolution française, bien loin de les aimer, comme doit le faire le Révérend et sanguinaire M^r^. Hankin, peu de personnes peut-être ont d'aussi bonnes raisons pour ne pas aimer la révolution elle-même ; mais ce que j'aime, c'est la manière dont l'Empereur français gouverne et continuera, j'espère, à gouverner ces trente-cinq millions d'hommes qu'un ecclésiastique anglais, *Nerone neronior*, brûle d'anéantir ; mais ce que j'aime beaucoup, ce sont les exemples de patriotisme, de christianisme et de philanthropie, que depuis le 18 Brumaire (9 Novembre 1799) ce jeune guerrier vraiment extraordinaire a plus d'une fois donnés aux plus vieilles têtes couronnées. Aujourd'hui même, que tant de lâches attentats (dont Dieu veuille que les auteurs ne soient pas ceux qu'on en accuse !) ont été formés contre sa vie ; aujourd'hui, que notre Clergé, s'il ne repousse de son sein Mr. Hankin, passera avec raison pour avoir formé un si cruel attentat contre l'existence de tout un Peuple, je suis persuadé que l'Empereur français lui-même est incapable de concevoir un seul moment un pareil vœu, que notre ecclésiastique anglais a imité de l'*infame* Diderot et qu'il a délayé dans son *infame* pamphlet, le vœu de voir le dernier survivant de trente millions de victimes, étranglé avec les boyaux du dernier de leurs enfans.

Pendant que Mr. Hankin corrigeoit la fin de sa misérable production, un des personnages les plus élevés en France, comme si son Gouvernement en avoit eu le pressentiment, employoit son éloquence peu commune à refuter cet Ouvrage, avant même qu'il ne fût terminé. Voici comme le président du

Sénat, François de Neufchâteau, le 7 de ce mois, parle de la lettre de l'Empereur à notre Roi :

« Nous ne saurions douter que sa démarche ne » réveille une estime cachée dans le cœur des Anglais. » Oui, malgré les antipathies qu'on veut rendre » nationales, les individus, qui composent la famille » du genre humain, ont les mêmes affections.

» Ce n'est point d'ici que peut jamais partir ce vœu » féroce d'une guerre d'extermination, ce vœu d'a- » néantir un peuple, ce vœu que l'on nous a trop » souvent adressé de l'autre côté de la Manche. Nous » pouvions y répondre par la conclusion des opinions » de Caton dans le Sénat de Rome. Mais la ruine » de Carthage n'est point l'objet que se propose notre » grand Empereur. Sa gloire est de fonder, et non » pas de détruire ». 7 Fév. 1805.

Monseigneur, je présume fort que je ne rougirai jamais d'avoir manifesté hautement combien j'abhorre l'idée d'une croisade d'extermination prêchée par un prêtre chrétien contre une des Nations les plus nombreuses du monde, dans le moment même où son Gouvernement parle ainsi du peuple dont ce prêtre fait partie. Et je n'ai pas eu d'autre objet en adressant cette lettre à Votre Grandeur.

Je finirai comme finit un écrivain épistolaire d'une autre espèce (*Junius*), dans une occasion bien moins importante : « J'ai fait mon devoir, en m'efforçant de » conduire le coupable au supplice. Mais je n'ai qu'un » emploi subalterne dans le temple de la justice ; j'ai » lié la victime et l'ai traînée au pied de l'*autel* ». C'est à vous, Monseigneur, à diriger le fer vengeur, dans un cas qui, plus que nul autre en aucun temps, appèle la vengeance impitoyable de l'Eglise elle-même. Si Votre Grandeur pouvoit ressentir quelque pitié pour un tel coupable, n'oubliez pas, Monseigneur, ce que disoit avec raison le grand juge Hale, l'un de nos compatriotes les plus distingués du côté de la religion et de la sagesse, qui vont presque toujours ensemble : « Ce méchant » homme implore ma pitié, mais je ne dois pas » oublier que j'en dois bien davantage au public ». Dans le cas actuel, Monseigneur, le public consiste en trente-cinq millions de Français et douze millions d'Anglais, auxquels, conjointement avec tout ce qui pourra naître durant cette *lutte perpétuelle*, cet homme propose tranquillement de se tailler en pièces les uns les autres, jusqu'à ce qu'il ne se trouve plus un seul Français sur la face de la terre.

Pendant que je finis cette lettre, les dernières nouvelles publiques nous apprennent, Monseigneur, à l'article de Londres sous la date du 19 de ce mois, que notre ambassadeur, Lord Robert Fitzgerard, a cru de son devoir de réclamer auprès de la cour de Lisbonne, le 26 Janvier, parce que la gazette officielle avoit publié le manifeste espagnol, signé par le Prince de la Paix, et que sa Seigneurie appèle un Libelle contre sa Patrie. Et moi (qui ne suis pas chef du grand jury de l'humanité, mais au moins un de ses membres), je ne serois pas autorisé à dénoncer le manifeste de guerre perpétuelle, publié par le Rév. M^r. Hankin ! Je soutiens que, d'après l'inspection seul du titre, c'est le Libelle le plus infame contre la patrie de l'auteur, contre l'Ordre dont il est membre, contre toute espèce de Religion et contre le genre humain tout entier.

Je prie Votre Grandeur d'excuser cette lettre faite à la hâte, qui, si elle n'a pas d'autre mérite, a du moins, j'en suis sûr, celui d'être écrite dans l'esprit d'un vrai Chrétien, d'un véritable ami de tous ses semblables, d'un véritable Anglais ; et dont le sujet m'intéresse autant que personne de mes compatriotes, que Votre Grandeur et le Roi lui-même. En attendant, j'abandonne avec confiance le Rév. Edw. Hankin de Cantorbery (que quelques papiers français par erreur appèlent Rankin) à la justice de ma Nation et au mépris de toutes les autres.

J'ai l'honneur d'être,

MILORD,

etc. etc. etc.

HERBERT CROFT.

Mardi, 26 *Fév.*

EXTRACT

FROM « A NEW SPECIES OF HISTORY » ETC.

A work of which vol. I and II are in the press and will be published shortly.

A LETTER

From The Rev. Sir HERBERT CROFT, Bar[t]. (1) to His Grace the Archbishop of Canterbury.

VOL. II. LETTER 23.

Lille ;
Friday, 22 *Feb.* 1805.

MY LORD,

ALTHOUGH totally unknown to Your Grace, I request permission, as an englishman and a clergyman, to express my honest joy, upon your being the successor of Archbishop Moore.

When I returned from Germany to Yarmouth, in 1799, and passed through Norfolk, I heard enough of the Bishop of Norwich, to be persuaded how such a character will fill the see of Canterbury. My country will have frequent reason to rejoice, no doubt, hereafter, that the high dignity, which his Majesty offered, in 1783, to my friend Bishop Lowth, was conferred, in 1805, on Bishop Sutton.

(1) See « Londres et les Anglais », by Mr. Ferry de Saint-Constant. vol. 2. p. 135. 228.

But my voice is of very little consequence, in regard to Your Grace's merited elevation; and I certainly have not presumed to be troublesome, with this letter, on that account only.

I principally address you, My Lord, because Your Grace is raised to the first station in our church, at a most fortunate moment for your future character; at a moment, My Lord, when the foulest possible affront is offered, before all the world, to the protestant Religion; to Christianity; to every thing, that bears the smallest appearance of Religion; to every idea even of the existence of a common God, the creator and the father of all mankind.

It highly becomes you, My Lord, to preserve the character of our church as pure and undefiled, as it was before Your Grace became Archbishop.

Yesterday, the english and french newspapers, printed at Paris, brought to this City, as they announce to Europe, the news of a publication, sent forth from the capital of Your Grace's see; which, coming from any man's pen, would have dishonoured my country; but which, as the production of a clergyman, whose first duty is to preach *peace* and, if possible, *perpetual peace*, calls particularly for Your Grace's notice, in your character of head of our church.

« PERPETUAL WAR, the only ground of per-
» petual safety » : or « PERPETUAL WAR, the
» only ground of security and prosperity » (1).

(1) The title is given both ways, in the newspapers.

by the Rev. Edward Hankin. M. A. M. D. Canterbury, Bristow, 1805.

I want no more than the title of this publication, to justify me in the liberty I am taking. The instant that I have read the title, along with two or three extracts which the newspapers contain, I snatch up my pen, such as it is ; if not to be the means of punishing the atrocious author, at least, My Lord, for the purpose of washing off so deep a stain from my own character, as an englishman and as a clergyman. If I were a soldier, instead of a clergyman, even then, I would not hold the language of the Reverend M^r. Hankin ; even then, I would refuse to draw my sword, except in the hope of returning it into the scabbard on forcing the enemy to make peace : and I feel that it is my great duty, as a human being, independently of Christianity, to declare that, so far from the Reverend M^r. Hankin's *perpetual war*, I wish for the UNIVERSAL PEACE of the abbé de Saint-Pierre and of Sully ; almost as wise men, I suspect, as the curate, or whatever he may be, of Canterbury. No one will smile at me, My Lord, for thinking this my duty ; except those who comprehend real patriotism and the pride of national character, as little as they understand common philanthropy.

This personage has conspired to dishonour me, as his contemporary, as his countryman, as his brother-clergyman. In spite of my ancestors, whom Cambden in Queen Elizabeth's reign calls « most » antient and knightly » ; in spite of my own exertions, not to disgrace them; this person's foul hand has fixed a stamp, a mark, a brand, upon me, in the very middle of my forehead: and I cannot show myself, in any corner of Europe, without being pointed out to general detestation; without *digito monstrari, et dicier, hic est!* « There is a countryman of Mr. Hankin's »! « There is an englishman; and an english » clergyman, like Mr. Hankin »!

I little thought, after spending ten years of my life, from thirty to forty, in a literary retirement at Oxford, in the house in which good Bishop Berkeley, to whom Pope ascribes « every virtue under » Heaven », planned the happiness of his fellow-creatures, and in which he died; I little thought that, at last, an englishman would make me blush, to own myself the countryman of such a true philanthropist, and of so many others, of Alfred, of Bacon, of Penn, of Locke, of Howard and of Cook.

If I should be doomed to die, before the publication of the historical Work, which I am printing, and which will contain this letter; may some kind hand inscribe, upon my humble tomb, that I did not lose a day, in declaring, to my own country and to all Europe, how I, for one, reprobated the unclerical and unhuman conduct of the Reverend Mr. Hankin! I say *unhuman*, My Lord, as opposed to *human*; because *inhuman* seems opposed only to *humane*, and is therefore too mild a negative.

Were I a bishop, as I have been, perhaps, near finding myself, once or twice in my life; I protest in the name of God ! the universal interests of whose creatures I should not in such a capacity less continue my endeavours to serve, that I would make a formal motion, before my brother-peers, were it consistent with the practice of parliament, for the purpose of covering the author of this book with the shame of public degradation : and I would repeat my motion, session after session, until I carried it.

What was D^r. Shebbeare's conduct, My Lord, compared with this man's ?

Did not parliament, My Lord, prevent the publication of Wilkes's *Essay on woman ?* Of course, I have never seen it, any more than Your Grace has ; but I will venture to affirm that the possible corruption of a few idle or reprobate minds, which that might have produced, is nothing, compared with the uncivilizing, the unchristianizing of the public mind, with the brutalizing of every man's soul, which this book is well calculated to effect. Ten *Essays on woman*, composed by ten such men as Wilkes, would be homilies and prayer-books, weighed against this CLERICAL production ; and their influence would be as trifling and insignificant, in comparison of that of such a book, as the effects of such a common letter as this, in comparison of the religious and national ones, arising from Your Grace's aweful interference, should I be happy enough to occasion it.

Am I told that there is not, alas ! any law of parliament, which can touch conduct like this ? I answer, decidedly — « So much the worse, for

» parliament and for the country. Let us make one ». But I am persuaded that my old companion, Lord Eldon, the present chancellor, with the same kindness for the public which he has shown to me, would find one. I am persuaded, too, that this business would, willingly, be brought before parliament by the Prince of Wales, himself; for I well know the Prince's patriotic and philanthropic way of thinking, from the obligations which his Royal Highness has been pleased to heap upon me, for so many years; and I well remember that, since the beginning of this unhappy war, the Prince refused to prolong a visit with which he honoured M^r. Thellusson, unless the idea were abandoned of representing an abusive satire on the French, which his Royal Highness « conceived was not the way to » make war, and might be the way to injure his » countrymen, prisoners of war in France ». To so wise a Prince it is that I should address this letter, My Lord; were it not that Your Grace, while you stand so high in the country, is at the head of the clergy, of the order to which this man belongs and which his conduct so calumniates. But, should Your Grace be at a loss, which I cannot suppose, for any one to second any motion which you may make on this subject, I suspect that you would find all you want in the eloquence and sentiments of a noble Lord, to whom I have, also, uncommon obligations: I doubt not that my friend Lord Moira would lay aside the gallant sword, with which he so distinguished himself in America and not far from this city, with which he now defends Scotland, and would attend the house in order to support Your Grace's motion; I have no doubt that this real warrior would, most willingly, come forward to reprobate the idea of any man's, but particularly a clergyman's, *perpetual war.* In all events, it is no great proof of personal courage, when a *perpetual* and everlasting war, from generation to generation, is advised by a woman; or is preached by a clergyman, who cannot, from his character, draw a sword, or pull a single trigger, in the cause. I know not what soldiers will say to this doughty pamphlet; but I am sure Your Grace would smile at a book, written on clerical duties by an officer in the guards.

Something, and of a public nature, of a nature which will be known to all Europe, I humbly trust that Your Grace will think it decorous and indispensable and your duty to do. The punishment of M^r^. Hankin, in some way or other, and by parliament, ought to be as notorious, as the shame which he has done his best to bring upon his nation. It is not very difficult, I know, for a common clergyman, like me, to boast what he would or would not do, were he Archbishop of Canterbury: but I declare, were M^r^. Pitt, or Lord Sidmouth, or Lord Liverpool, or the King, himself, to offer me Your Grace's situation, upon condition that, by my silence, I gave consent to M^r^. Hankin's diabolical and damnable doctrine, I would prefer remaining, and to the end of my days, what I am, simple vicar of Prittlewell, in the hundreds of Essex.

My Lord, if Your Grace's merited elevation to the see of Canterbury be not publickly marked by the cutting-down and the casting-out of such a poisonous weed as this, which seems to glory in taking root on the very threshold, as it were, of your holy and archiepiscopal palace; this curate of Canterbury has the appearance of strewing, and almost by permission, such precious flowers as these, in Your Grace's path, on the ceremony of your solemn and publick entry. Will it be decent, My Lord Archbishop, for History to relate that almost the same day, in 1805, saw Your Grace translated to the see of Canterbury, and beheld the pestilential publication of this man (for I cannot bear to call him a clergyman) issue from the press of Canterbury?

If this poor creature, My Lord, be in the only situation which can excuse his conduct; if his intellects be deranged; sincerely do I pity his *unhappy* relatives and all about him. They are far greater objects of commiseration, alas! than the *happy* maniac: and God forbid that I should insult a family, cursed, in the person of its chief, with the greatest of all human ills! But, in the name of Humanity! let them send him to D^r. Perfect's Kentish mad-house. By M. D. in the title of his book, I suppose that the reverend Edward Hankin is a physician, as well as a clergyman: and the Doctor might chance, to be as dangerous to his Kentish patients, as by prescribing his political drugs and nostrums to the public, and studying to poison a whole people.

Alas ! My Lord, there exists, I fear, no counter-poison, as some pretend ; but, assuredly, there are remedies, which, taken in time, may contribute to counterwork the effects of the fatal dose. This letter I shall detach from the historical work to which it belongs ; and I shall publish it, as that will be published, both in our language and in french, because I think that an Englishman, even though he were not also a clergyman, should hasten to speak, as positively and as speedily as possible, wherever the two languages are understood, in a sense directly opposite to this medico-clerical M[r]. Hankin. His book will not be read every where ; but every newspaper talks of it, as would be the case were the evil spirit to come upon earth, in oder to *possess* us all : and I take the same method to exorcise the publick. Steele and Addison printed *The Spectator* in newspapers ; which, from their novelty, were then read by all the world : in our desultory days, many read nothing but newspapers.

When I chose the title of the work, which will contain this letter (« *A new Species of History* » etc.), I did not imagine that, so early in the work as before the end of the second volume, I should have to be the mournful historian of a new insult to civilization ; a new crime against human nature ; a new blasphemy and mockery of « our » FATHER which is in Heaven » !

My Lord, the proud name of *Englishman* has been sufficiently disgraced, of late, on the continent, by the conduct of M^r^. Drake etc ; and by Sir James Crawfurd and others, who, after submitting to give their solemn parole, thought proper to break it and run away, in a manner not only the most dishonourable to themselves, but the most dangerous to their countrymen whom they left behind, had the french government listened to vengeance : let us not, My Lord Archbishop, in the name of morality and Religion ! permit a clergyman to publish that he, and all English clergymen, if they agree with him, have as little idea of that Christianity, which, instead of tolerating perpetual wars of extermination, enjoins us, if struck upon one cheek, to offer the other, as the French had, when they placed a strumpet, representing the Goddess of Reason, upon the altar of the everliving God.

I own, honestly, My Lord, that I wish to force the profession, to which I have the honour to belong, and for which I gave in exchange the bar, five and twenty years ago, by the advice of Bishop Lowth and the pious D^r^. Johnson — I wish to compel the clerical order which boasts at present among us so many honourable names (should compulsion be necessary), to cast out from its bosom, with abomination and abhorrence, so dishonourable and dishonouring a character as the Rev. Edward Hankin. The daughter of the friend whom I vindicate from his father's verses in my *Life of Young* among *Johnson's Lives*, the grand-daughter of the great Young married, I remember, about 1777, a gentleman, near Welwyn, of the name of Hankin. This unreverend priest, with the christian name of *Edward*, as Young's was, cannot, surély ! be the descendant of the author of *The Night-thoughts* ; of him who deserves to be called, more than any other mortal, the poet of God. Whoever had the misfortune to be the father of this ungodly man, if I be ask'd what I propose should be done with such a false clergyman ; I will not imitate this blood-thirsty and *perpetual* soldier, and say that he ought to be hung in perpetual chains, from the highest pinnacle of Canterbury cathedral, as a warning to English and French, when they pass and repass (soon again, I trust in God !) by Dover : I will not exactly say this, whatever I may think ; but I do, deliberately, wish to see his sacred robes publickly stripped off his back, and to behold the culprit occupy the place of some one far less culpable, in the pillory. Even a cold-blooded murderer never admitted perhaps into his mind the cool calculation, even the idea, of the slaughter of more than thirty millions of his fellow-creatures. This man should, at least, be expelled from the peaceable profession of a clergyman ; and, as he, openly, avows such an inclination to « die his black coat red » (language which the well-known Mr. Horne was once censured for using), I am serious in proposing that the ex-clergyman should be left to earn his bread, by becoming drummer in some corps of volunteers, and, on a peace (which will sufficiently afflict this *perpetual warrior*), in some marching regiment :

Ære ciere viros, Martemque accendere cantu.

He himself, in imitation of Scanderbeg or some

one of the great destroyers of mankind, will, no doubt, bequeath his skin, to be dried, and cut into coverings of drums.

If this man have let out his pen, as the english papers seem to suppose, to M^{r}. Pitt; have only put into passable language the ideas, which that minister or ex-minister, it is not clear which, may have left with him, in travelling through Canterbury, to and from Walmer-castle: the culpability and criminality of the pamphlet remain the same; the clergyman, who is hired for such purposes, is only so much the more contemptible and wicked. As to preferment in God's church, for such hellish services — I trust that no minister would have impudence enough to attempt such a step! and I presume it is not upon the present Archbishop that any minister would be able to force, for preferment, the high-priest of extermination. Are so many clergymen with large families to want bread, though JESUS CHRIST would, perhaps, adopt them for disciples? and is the Rev. Edward Hankin, by dipping a despicable pen in human blood, and taking all possible pains to *perpetuate* that warfare, which CHRIST descended on earth to extinguish by his divine blood — is such a clergyman to roll in wealth, to be covered with honours? God forbid!

But I will cool this gentleman's hopes of shortly being translated from Canterbury.

Whoever may have set him to work, I promise the hireling that his masters will not be satisfied with the manner in which the odious task is executed ; and that they will revenge their own dishonour upon their wretched scribbler. For all Europe sees that, supposing the horrid assertion of this book to be as true, as the christian Religion with which it is in such contradiction ; no one but an ideot or an absolute madman would say it, in such plain terms, to the enemy, and call, so openly, for retaliation.

Did the Rev. Mr. Hankin conceive the idea of this book, himself, for the purpose of keeping Mr. Pitt, or any other minister, in power ; or of reconciling the public to the sanguinary system of any individual ?

I will relate to this Kentish clergyman a classical anecdote, which I witnessed when I was a young man, and which may perhaps point out to him how he might have obtained a reward. When the bar were dining, as usual, with the judges, on the home-circuit, at Maidstone ; the conversation turned upon some Hankin of the day, who had been ignominiously recompensed for defending government, on the subject of the American War. The famous Lord Mansfield, the friend of the English satirist (Pope), and whom Pope so celebrates as Mr. Murray, closed the conversation thus — « *Et in Arcadiâ Ego* : I, also, have been upon my » *bed of roses* : I, too, have been attacked, in my » time ; and it has, occasionally, cost me some mo» ney ; but not to pay my defenders — I gave my » money, in order to prevail upon officious gentle» men to let me alone, and not to defend me ».

Can that defender deserve much recompense, who calls down, upon his employers and upon their measures and upon their common country, the eloquence of Talleyrand, of François (de Neufchâteau), of Fontanes and of the Emperor himself, who is no less distinguished for choice of words than of men? eloquence, which will, shortly, thunder, I fear, to the banks of the Thames, and to the most distant shores, against a man of God, who has set his reverend name to a more bloody proclamation, than was ever issued in the general orders of a Zengis-Chan, a Nero or a Robespierre; and who not only lets us see the *breviary* of the Cardinal de Retz, but draws, from under his surplice, and publickly brandishes, with his arm bared up to the shoulder, the sabre of extermination, while he throws away the scabbard and boasts that he has buried it ten thousand fathom under ground.

Hereafter, if I think it worth while ever to read this proclamation of blood, I may, perhaps, tell the author what I think of his talents. For my present purpose, of at least calling down clerical vengeance on such an apostate's head, the title, and I have yet seen little more, is sufficient. No literary, nor even any political, merit would diminish the author's imprudence and folly; much less wipe away his crime. Were « *Perpetual War,* » *the only ground of security and prosperity* « written by an abler pen, than England has ever seen; were the book calculated to do the author every credit, as a disciple of Machiavel's; were the arguments worthy of Machiavel himself; were there the smallest degree of probability that such horrible and cannibal conduct, on our part, as the very title advises, could ever contribute to raise our country even to the highest pitch of national glory and greatness; the author would deserve the worst of punishments, as an enemy to his country, for betraying the horrid secret, and some unheard-of death, as the greatest enemy of mankind, for asserting such destructive truths under the sacred garb of a clergyman. In that case — though, from two or three extracts which I have seen, I little suspect such merit; nor do I apprehend that it was reserved for M^r. Hankin to change the nature of war and of peace and of truth — in that case, however, I declare, beforehand, that I shall hold myself dishonoured by such national greatness, disgraced by such national glory: his proffered *prosperity* I reject, his boasted *security* I scorn; and I abandon all the advantages, proved, if proved, in his book, along with his *perpetual war*. What honest man would not prefer quietly lying down in death, to living among such « noxious » beasts and hordes of savages more brutal than » beasts » (this great *politician's* language, of the French), such « savage beasts and noxious animals, » whose presence is infectious », as both English and French would really be, if both countries ought to think « war a necessary part of their peace» establishment »; if the present dreadful war ought to be perpetual; and if a *mutual* war of extermination be politic, between two populous and great and enlightened nations, separated (alas! did not our heavenly father mean joined?) by seven leagues of sea?

So little does the author of such mad ideas merit any recompense, and so calculated are his ideas to serve every purpose of the enemy (like too much of what has been done by our ministers and those whom they have employed), that Posterity will almost think the french government hired Mr. Hankin to write this strange book. In all events, such a warrior ought to be well enough acquainted with military matters to know that a wise general never drives even a handful of the enemy to despair. Were we as able to carry on this perpetual war and to execute this *hankin* threat of total extermination, as the book pretends to prove, I suppose, or it is still more contemptible than I think it; thirty millions of men, and some of them soldiers, driven to final despair, would form a handful that might puzzle even the generalship of a clergyman. Other writers may do as they please; for my part, when I want to express any thing more than commonly *ridiculous*, or perhaps more than commonly *unhuman*, I think I shall always use the word *hankin*. If both English and French would agree to do so, the man's infamy would be as perpetual, as he wishes his war to become. We have adopted, thus, the word *guillotine*; only we have extended our just abomination of the horrors of the revolution to its fatal machine of destruction. The worthy Dr. Guil-

lotin

lotin (who is still living), when he copied it, in 1790, from our *maiden*, formerly used, but only once, in Scotland, was as much the friend of his contemporaries, as any other frenchman would be, who should suggest to our Reverend murderer a still less painful death, for the thirty millions of victims whom he wishes to *hankin*.

But there is another reason why this man merits the recompense of such dishonouring distinction.

Unless Your Grace were in France, as I am, you cannot see the whole extent and consequence of the reproach which he has brought upon the English name, as well as upon Your Grace's order and upon Religion. In fact, it has befallen him, as it happens almost always, when we leave undone those things which we ought to have done, or do those things which we ought not to have done; the unforeseen *consequences* of his ill conduct are in a manner incalculable. How often do we see this, even in matters the most trifling!

Swift said, with as much truth as wit — « You » should always *look*, before you do any thing. » If you wantonly fling a knife, out of the win- » dow, into the street; it is almost an even wager » that you kill a poor widow, going home from » work, the mother of seven childen, and the » youngest not six months old ».

Mr. Hankin has done much worse than this; and not wantonly, but deliberately, and with *malice aforethought*, as the lawyers say. Let us, My Lord, examine the unforeseen consequences which I mean; and some of which Your Grace's parliamentary notice of such conduct would materially counterwork.

Bonaparte wrote to our King, on becoming first Consul, in December 1800; what I have taken as the motto for this second volume of my historical work — « Comment les deux Nations les plus éclai-» rées de l'Europe, — comment ne sentent-elles » point que la paix est aussi glorieuse que néces-» saire » ? The Reverend Mr. Hankin, in 1805, when the silly world is five years wiser, finds out the necessity of a perpetual war, a war of extermination.

In May 1802, on Mr. Addington's peace, the following was the wise and honourable language of the leading characters in France.

« Pour le repos du reste du monde, il n'y a plus » d'Océan ni de Pyrénées qui les séparent ». Lobjoy, Président du Corps-Législatif.

« Ainsi donc, reposés tout-à-fait des longues fati-» gues de la guerre, nous allons désormais vivre en » bonne intelligence avec les illustres voisins qui » nous devancèrent dans la carrière de la liberté; » ainsi il ne restera plus entre nous d'autres motifs » de rivalité que dans la louable émulation d'ac-» croître le cercle des connoissances utiles, et d'ar-» river à la perfection du bien. Ils verront, ces » honorables Insulaires, que les Français sauront se » montrer dignes de lutter avec eux dans cette lice » nouvelle de belles découvertes, de conquêtes pa-» cifiques et de véritable gloire. Tel sera l'un des » plus grands avantages de la Paix. La Paix! comme » ce mot est doux à prononcer »! etc. Félix-Faulcon, du Corps-Législatif.

« Le traité que vous annoncez, citoyens Orateurs du Gouvernement, est le complément de tous ceux qui l'ont précédé. L'enthousiasme qu'il vient d'exciter en Angleterre prouve combien est sincère la réconciliation entre deux Peuples qu'une fausse politique divisa trop long-temps, et qu'un égal amour pour la liberté, et des rapports nécessaires doivent unir à jamais ». CHABOT, Président du Tribunat.

In September 1802, Bonaparte said to M^r. Fox, at Paris. —

« Il n'y a dans le monde que deux Nations; l'une habite l'Orient, l'autre occupe l'Occident. Les Anglais, les Français, les Allemands, les Italiens, etc. soumis au même code civil; ayant les mêmes mœurs, les mêmes habitudes, et presque la même Religion; sont tous membres de la même famille : et les hommes, qui veulent rallumer la guerre parmi eux, veulent *la guerre civile* ».

In July 1803, after M^r. Addington turned his peace into war, the french papers, which now publish M^r. Haukin's language, related the following anecdote of the President Bexon, the Lord Mansfield of France.

A l'audience de la troisième section du Tribunal civil du Département de la Seine, du mardi 28 Thermidor, un défenseur, plaidant pour un Anglais, disoit : *Celui que je défends est un honnête homme*, QUOIQU'ANGLAIS. Le Président, l'interrompant, lui dit : « Retranchez de votre plaidoierie les mots *quoiqu'Anglais*. Les Nations ne doivent jamais

» s'insulter entre elles, même quand elles sont en » guerre : et ce n'est pas en France, et dans le » sanctuaire de la justice, que cela peut être permis ».

In the same year, Bonaparte's uncle, announcing Mr. Addington's war from the altar, uses no other language than this —

« La Paix est le grand bien dont nous aimons à » vous entretenir, lors même qu'au nom du Gou- » vernement nous venons vous demander des prières » et des vœux pour le succès d'une nouvelle » guerre. — Que le Dieu des Armées se déclare » contre cette Puissance, non toutefois pour la dé- » truire, comme ces Villes superbes dont l'avare » cupidité provoquoit contre elles tout le zèle des » Prophètes, mais pour la forcer à cette Paix dont » elle ne connoît pas le prix, et dont nous, ministres » d'un Dieu descendu sur la Terre pour y *éteindre* » *dans son Sang toutes les inimitiés et réconci-* » *lier l'Univers*, faisons le continuel objet de toutes » nos prières et de tous nos vœux ».

Mandement de S. E. M. le Cardinal-Archevêque de Lyon. An XI.

All this time, an English clergyman, who, whether hired or not for the purpose, had foreseen Mr. Addington's war in the midst of Mr. Addington's peace, spends his days and nights in search of arguments, which may render the war *perpetual*; and studies to exasperate it, if by no other means, at least by his execrable book, into a war of extermination.

After all, little imagining I hope at what moment his labours were to be finished and published, his book appears in England, just as the second philanthropic and eloquent letter, to our King, from Bonaparte, on being crowned Emperor, arrives at London, and affects all mankind by this language —

« La Paix est le vœu de mon cœur. — Eh! quelle
» triste perspective de faire battre des Peuples pour
» qu'ils se battent! Le monde est assez grand, pour
» que nos deux Nations puissent y vivre; et la raison
» a assez de puissance, pour qu'on trouve les moyens
» de tout concilier, si, de part et d'autre, on en a
» la volonté. J'ai, toutefois, rempli un devoir saint,
» et précieux à mon cœur ». 2 Jan. 1805.

Finally, his book arrives in France, and, by its ecclesiastical declaration of an exterminating war, raises our national dishonour to the highest pitch, all over Europe, just as the public is delighted to behold the conqueror of Marengo preach the doctrine of JESUS CHRIST — « on earth, peace; good will » toward men » — in those memorable words, so worthy of the nephew of a Cardinal-Archbishop, which make part of the Emperor's energetic answer to the Corps-Legislatif, on the 12th. of the present month —

« Je veux, autant que je pourrai y influer, que le
» règne des idées philanthropiques et généreuses soit
» le caractère du siècle ». 12 Feb. 1805.

My Lord Archbishop, I by no means say that Mr. Hankin's conduct makes me think of imitating a Baronet of my family who bore the title before me, and of quitting our church for that of the Cardinal-Archbishop Fesch and of french christians, who breathe such truly-christian sentiments : but will it not become us, My Lord, to take especial care that the roman catholics of Ireland, at such a moment, and those of other parts, be not authorised to say that English protestants, unless we correct this Canterbury-clergyman, appear to be more blood-thirsty, and less what the son of God was born man and died the death of a malefactor to make us all, than some other members of the Christian church?

Neither am I converted, My Lord, by the followers of the famous Penn : I do not think quakers exactly right, in supposing that the meekness of Christianity forbids us to draw a sword in defence of our wives and children and ourselves : but I do and will take upon me to affirm, My Lord, even were it possible for an Archbishop of Canterbury to contradict me, that the mild and peaceable Religion, which Your Grace and I profess and teach, doth not call upon us, doth not permit us, to swear never to sheathe our slaughtering sword, *IN SÆCULA SÆCULORUM*, for whatever reason, good or bad (and we have heard of fifteen in the last fifteen years), the sword may have been drawn. What, then, My Lord Archbishop, when one of the innocent pastors of CHRIST'S peaceful flock, instead of teaching them « to love their *neighbours* » as themselves, and to do to ALL MEN as they » would they should do unto them », harangues his congregation from the table of their crucified redeemer, which is still covered with the remains of the feast of brotherly and universal love ; holds up his holy hands, which administered, this moment, *to their comfort*, the holy mysteries of the body and blood of the common saviour ; and pronounces, himself, calling on every one to repeat after him, his unholy and devil-like oath, never to make peace, never to obey the son of God — « on earth, » peace ; good will toward men » — until they shall have shed and drunk the blood, and feasted, like « savages more brutal than beasts », upon the mutilated bodies, of thirty five millions of their nearest neighbours !

Did this horrid scene, or some similar one, happen at the bloody altar, in Canterbury-cathedral, on the steps of which four Hankins in the year 1170 beat out the brains of archbishop Becket, who had just returned from taking refuge in this city and causing one of its streets to be called *rue d'Angleterre* ?

Diderot's horrid wish only included two orders of men : Robespierre did not destroy, as many as the Reverend Mr. Hankin desires to see perish : the calculation of Marat, who hungered and thirsted so after human blood, did not amount to this ; though, as Shakespeare says, *had all the hairs* of frenchmen *been lives*, his cruelty seemed to have *stomach for them all.* Alas ! My Lord Archbishop, our countryman and our brother-clergyman has the appearance of a drunken french fish-woman, in the revolutionary month of September, maddened by licentiousness and gin ; who insults the cavalcade, as they move forward to the guillotine, because she counts only double the number of victims, to-day, that she had the pleasure of beholding, yesterday. And we, My Lord, are not yet familiar with any of the *hankin* horrors of a revolution. May the God of all nations grant that this man's book do not either cause, or aid, that, or any other calamity!

My Lord, I see that his Majesty's Religion and wisdom have directed a public fast for this month; and I think the proclamation calls upon the clergy to *pray for peace*. If that be not the royal language, Your Grace will not fail to use it in the form of prayer. But permit me to ask, My Lord, with what face such a form of prayer can be addressed to God, by any one, from Your Grace down to the lowest curate, who approves, who does not openly reprobate, disapprove and disavow Mr. Hankin's proposal of *perpetual war*, worthy only of the Devil?

Algernon Sidney, when composing, as it seems, what he wrote in the *album* of the GRANDE-CHARTREUSE, and even when speaking of his sword and of using it against tyrants, pleased himself with contemplating, from the top of one of the loftiest mountains of Europe, the olive of peace, at the end of the perspective of contending armies —

— — — Manus hæc, inimica tyrannis,
Ense petit placidam, sub libertate, quietem.

But Mr. Hankin, would ascend the solemn eminence chosen by Saint Bruno, regardless of Gray's, *severi religio loci* (1), only to behold the fairest

(1) See the poet Gray's Alcaic ode, written in the *album*.

countries

countries of Europe, covered by a second, but unheard-of, deluge; a deluge of human blood, and not a single dove with an olive-leaf: Mr. Hankin alters Algernon Sidney's latin, and exclaims —

— — — Manus hæc, inimica quieti,
Ense petit sancto placidum sine fine duellum.

Before I conclude, My Lord, I must beg permission to observe that I am not to be told I have publickly attacked this Mr. Hankin, in order to procure my liberty from the french Government. I am as much at liberty as Mr. Humboldt, the Prussian traveller; who is just arrived at Paris, from South America. The french Government has had the justice to grant me my perfect liberty, has formally return'd me my *parole* which I had conditionally given; and this, *precisely*, Mr. Hankin will please to observe, because I belong, like him, to that peaceable profession, agreeably to which this letter endeavours to speak and in contradiction to which he recommends perpetual war. These are the words of Marshal Berthier, the minister at war — *faisant droit à la réclamation de Mr. le Chevalier Herbert Croft*, COMME MINISTRE DU CULTE, *l'autorise à demeurer en liberté sur le territoire français, ou à le quitter, s'il le juge convenable.*

Still less, My Lord, is this conscientious clergyman, whom I can imagine capable of any thing, to dare to accuse me of being a friend to the horrors of the french revolution, or of being an enemy to my country, because I except to his

Canterbury-patriotism and execrate his clerical philanthropy ; neither of which he could learn, I am persuaded, from your Grace's predecessor in the see of Norwich, my benevolent friend Bishop Horne, when he was Dean of Canterbury. My Lord, I love my country better than this clergyman loves any thing, but human blood : My Lord I love my country, however I have been treated by two of its ministers (Mr. Pitt and Mr. Addington) and by two of its chancellors (Lord Thurlow and Lord Loughborough); and although I venture, in obedience to God and his son, to love my fellow-creatures at the same time. My Lord, although I think that Mr. Pitt and Lord Sidmouth (when he was Mr. Addington) have repeatedly behaved as if *they* did *not* love their country ; although I think that the Prince of Wales has been most unworthily treated, by them, about his debts, about the regency, about his marriage, about the defence of his hereditary Kingdoms and about his danghter, the Princess Charlotte, very lately ; yet I deny that your Grace, that this Prince of Wales or even the Prince's royal father, loves our country, is a better Englishman, than I. As to the horrors of the french revolution — so far from being a friend to them (the reverend and bloody Mr. Hankin ought to be), few perhaps have as good reasons not to be a friend even to the revolution itself; but I am a friend to the manner in which the french Emperor governs, and will continue, I hope, to govern, those five-and-thirty millions of men, whom an English clergyman, « *Nerone neronior* », wishes to destroy ; but I am very much a friend to the truly-royal example of patriotism, Christianity and philanthropy, which, since the 18th. of brumaire (9 novr. 1799), this most extraordinary young warrior has more than once exhibited to the oldest kings. Even now, that so many cowardly attacks (not, I trust to God! from the quarter alleged) have been made on his life; now, that even our clergy (should they suffer Mr. Hankin to remain among them) have made such a savage attack on the lives of all his people ; I trust that the french Emperor himself is incapable of harbouring for a moment, such a wish, as an English clergyman has imitated from the infamous Diderot and dilated into an infamous pamphlet — « to » see the last individual of slaughtered millions stran- » gled with the bowels of their last remaining child ». Indeed, while Mr. Hankin was correcting the conclusion of his wretched book, one of the highest characters in France, was employing his uncommon eloquence, as if from authority, to refute the labours of the writer before they were finished. The following is the way, in which the President of the Senate (François de Neufchâteau), on the 7th. of this month, speaks of the Emperor's letter to our King.

« Nous ne saurions douter que sa démarche ne » réveille une estime cachée dans le cœur des Anglais. » Oui, malgré les antipathies qu'on veut rendre » nationales, les individus, qui composent la famille » du genre humain, ont les mêmes affections.

» Ce n'est point d'ici que peut jamais partir ce vœu » féroce d'une guerre d'extermination, ce vœu d'a-

» néantir un peuple, ce vœu que l'on nous a trop » souvent adressé de l'autre côté de la Manche. Nous » pouvions y répondre par la conclusion des opinions » de Caton dans le Sénat de Rome. Mais la ruine » de Carthage n'est point l'objet que se propose notre » grand Empereur. Sa gloire est de fonder, et non » pas de détruire ». 7 Feb. 1805.

My Lord, I strongly suspect that I shall never blush to have execrated the idea of a crusade of extermination, *preached by a christian priest*, against one of the most populous nations in the world; at the very moment that its government speaks thus, of the very nation to which this priest belongs: and I had no other object in thus addressing Your Grace.

As a letter-writer, of a far different description, finishes, on a far less awful occasion; « I have » done my duty, in endeavouring to bring him to » punishment. But mine is an inferior, ministerial » office in the temple of Justice: I have bound the » victim and dragged him to the *altar* ». It is for you, My Lord, to direct the vengeful stroke; in a case, which calls down *inexorable* vengeance, if any ever did, from the church itself. While your Grace may feel even for such a culprit, forget not, My Lord, what was well said by Chief Justice Hale; one of our countrymen the most distinguished for religion and wisdom, which generally go together. — « This wicked man desires me to pity *him*; but » I must bear in mind that there is a greater pity » due to the PUBLIC ». In the present case, My Lord, the public consists of 35 millions of Frenchmen and

12 millions of Englishmen, to whom, along with all that would be born during such a *perpetual* conflict, this man calmly proposes the tearing of each other piecemeal, until there shall not be a found single Frenchman upon the face of the earth.

The last article of public intelligence, while I am finishing this letter, informs us, My Lord, from London, the 19th. of thismonth, that our ambassador, Lord Robert Fitzgerald, deemed himself justified in remonstrating to the court of Lisbon, on the 25th. of January; because the official gazette had published the spanish *manifesto* signed by the Prince of Peace, which his Lordship calls « a *libel* on his » country ». Am not I, then, authorized, though not as foreman of the Grand Jury of Humanity, yet as one of its members, to *present* (in the legal language of my friend, Lord Eldon) the Reverend Mr. Hankin's manifesto of perpetual war ? I affirm that it is, on the very face of its title, the most *infamous* LIBEL upon the author's country, upon the author's whole order, upon all Religion and upon all mankind.

Begging your Grace's pardon for this *hasty* letter, which, however, is written, I am sure, in the spirit of a true christian, of a true friend to all God's creatures, of a true Englishman; and, in the subject of which, no one of my countrymen, not even your Grace or the King, can be more interested than I am; I confidently leave the Reverend Edward Hankin of Canterbury (whom some of the french papers call, by mistake, Rankin) to the justice of my nation and to the scorn of every other : while I have the honour to subscribe myself,

MY LORD,

etc. etc. etc.

HERBERT CROFT.

P. S. Before I lay down my pen, I will mention to Your Grace a clerical blunder, which I observed, just before I left England, and communicated to the last Archbishop. The *Lord's prayer*, which might alone have taught Mr. Hankin the spirit of christian charity, is printed, in some of the Oxford and Cambridge editions of *The Church-bible*, *The Prayer-book* etc. « the kingdom *and* the power » ; in some, *and* is omitted.

Tuesday, *Feb*. 26.

www.ingramcontent.com/pod-product-compliance
Ingram Content Group UK Ltd.
Pitfield, Milton Keynes, MK11 3LW, UK
UKHW021003180726
13838UKWH00003B/1433

9 782329 38377